BEI GRIN MACHT SICH I[ ]
WISSEN BEZAHLT

- Wir veröffentlichen Ihre Hausarbeit,
  Bachelor- und Masterarbeit

- Ihr eigenes eBook und Buch -
  weltweit in allen wichtigen Shops

- Verdienen Sie an jedem Verkauf

Jetzt bei www.GRIN.com hochladen
und kostenlos publizieren

Bibliografische Information der Deutschen Nationalbibliothek:

Die Deutsche Bibliothek verzeichnet diese Publikation in der Deutschen National-
bibliografie; detaillierte bibliografische Daten sind im Internet über http://dnb.d-
nb.de/ abrufbar.

Impressum:

Copyright © 2008 GRIN Verlag, Open Publishing GmbH
Druck und Bindung: Books on Demand GmbH, Norderstedt Germany
ISBN: 9783640575480

Dieses Buch bei GRIN:

http://www.grin.com/de/e-book/146615/juristische-probleme-des-spammings

Philipp Rothmann

Juristische Probleme des Spammings

Sicherheit im Internet Spam-Bekämpfung und Prävention - Band 2

GRIN Verlag

Seminararbeit
Seminar 01922 „Sicherheit im Internet"
- Spam-Bekämpfung und Prävention -

Band 2

Juristische Probleme des Spammings

Thema:	Band 2 - Juristische Probleme des Spammings	
Ersteller:	Philipp Rothmann	
Erstellt am	04.03.2008	
Zuletzt geändert	26.05.2008 11:00	
Bearbeitungszustand		in Bearbeitung
	X	Vorgelegt

Inhaltsverzeichnis

1. Einleitung und Überblick

Der vorliegende Band soll einen Überblick über die juristischen Rahmenbedingungen des weltweiten Mailsystems in Bezug auf den Empfang und den Versand unerwünschter E-Mails geben. Dabei werden die Rechtslagen in Europa (EU), speziell in Deutschland, den USA und Australien fokussiert. Diese Arbeit soll die rechtlichen Unsicherheiten bei Betreibern von Mailsystemen vorstellen und Wege aufzeigen, wie Provider und Unternehmen juristisch einwandfrei Maildienste anbieten können. Hierzu gehört auch die Betrachtung von zulässigen Filtermaßnahmen gegen E-Mails, die Malware enthalten und Spam. Weiterhin sollen die Möglichkeiten für Unternehmen und Privatpersonen zur juristischen Klärung bzw. zum Vorgehen gegen unerwünschte Werbe-E-Mails sowie die strafrechtlichen Sanktionen für Spam-Versender (sogenannte „Spammer") beleuchtet werden. Diese Arbeit stellt keinen Leitfaden für die juristische Absicherung von Marketing-Kampagnen, wie den geplanten - rechtlich einwandfreien - Newsletter-Versand, dar.

Im nächsten Punkt wird die Bedeutung des Begriffs „unerwünschte E-Mail" bzw. Spam für diese Ausarbeitung beschrieben und die juristische Bedeutung hervorgehoben. Danach folgt die juristische Betrachtung der Rechtslage für Nutzer (Spam-Versender und Spam-Empfänger) und Betreiber der Mailsysteme in den o.g. Ländern und Staaten. Da mit juristischen Mitteln die Flut von weltweit versendeten unerwünschten E-Mails nicht mit nationaler und EU-weiter Gesetzgebung eingedämmt werden kann, ist der Einsatz von technischen Filtermaßnahmen unumgänglich (vgl. [SIE07]); die rechtskonforme Filterung von unerwünschten E-Mails wird im Anschluss betrachtet.

Der vorliegende Band wurde im Mai 2008 als Seminararbeit bei Prof. Tobias Eggendorfer an der Fernuniversität in Hagen eingereicht. Die Rechtsprechung und Literatur konnte bis April 2008 berücksichtigt werden.

2. Spam

2.1. Abgrenzung und Begriffsdefinition

In dieser Arbeit wird der Begriff Spam (Spam-E-Mail oder Junk-E-Mail) für unerwünscht zugesandte E-Mails verwendet. Dabei wird den E-Mails ein kommerzieller Hintergrund unterstellt, was den größten Anteil von Spam-E-Mails ausmacht (vgl. [ECO06]). Insbesondere unerbetene Werbe-E-Mails für Produkte, Dienstleistungen, Parteien etc. sind also im Sinne dieser Arbeit als Spam zu verstehen. Insbesondere solche Werbe-E-Mails, die gegen den Willen des Empfängers und außerhalb von bestehenden persönlichen oder geschäftlichen Beziehungen zugestellt werden (vgl. [KAR07]).

Diese Art von E-Mail-Spam wird auch mit dem Akronym UCE (Unsolicited Commercial electronical Message, übersetzbar mit „unverlangter kommerzieller E-Mail") abgekürzt.
Neben UCE stehen die Begriffe UBE (Unsolicited Bulk E-Mail, übersetzbar mit „unverlangte und massenhaft versendete E-Mails") und Malware (übersetzbar mit „Schadprogrammen") im Zusammenhand. UCE kann dabei auch eine UBE sein. Das Abgrenzungskriterium ist hier der werbende Charakter der unverlangten E-Mail (vgl. [WIK07] und Band 1: „E-Mails-Spamfilterung").

Spam an sich wird nicht als juristische Definition oder Begriff verwendet; weder die EU, Australien noch die USA verwenden den Begriff an sich. Die hier beleuchtete Art von Spam, nämlich UCE in Form einer kommerziellen E-Mail, ist juristisch nur eine Ausprägung von Spam. Generell werden in der EU technisch neutral beispielhaft E-Mails, Voice-Over-IP (VIOP), Faxnachrichten und SMS-Nachrichten (Short Message Service) als UCE klassifiziert. In Australien gehören explizit MMS (Multimedia Message Service) und Instant-Messaging dazu, jedoch sind Faxnachrichten und Werbung per Telefon juristisch ausgenommen (vgl. [ITU05]). Die genannten Ausprägungen von Spam werden in den Bänden 19: „Spam über Internet-Telefonie (SPIT)", 20: „Spam über Instant Messaging (SPIM)" und 21: „Spam über SMS" dargestellt.

Die Funktionsweise von Spam wird in dem Band 1: „E-Mail-Spamfilterung" ausführlich behandelt. Weiterhin sei auf [TOP04] verwiesen.

2.2. Juristische Definition von Spam

Das quantitative Kriterium von UBE, also der massenhafte Versand von E-Mails, ist insofern für die Einzelperson nicht von Bedeutung, als dass diese nur die eigene E-Mail im Posteingang wahrnimmt. Möglicherweise enthält der E-Mail-Postfacheingang eine Vielzahl von verschiedenen UBE's. Das typische Merkmal aus Empfänger-Sicht ist also „unerwünschte E-Mail". Dabei handelt es sich allerdings um ein subjektives, der Informatik nicht zugängliches Kriterium, welches sich durch die Schwierigkeit manifestiert, Spam-E-Mails anhand Ihres Inhalts zu klassifizieren. E-Mails, die für manche Empfänger unerwünscht sind, können für andere - subjektiv betrachtet - durchaus nützlich und willkommen sein (vgl. Diskussion zwischen Widerspruchs- und Einwilligungslösung und unterschiedliche Gesetzgebung). Die juristische Definition ist von daher auf unverlangte Werbe-E-Mails (UCE) ausgerichtet (vgl. [TUW07]):

> *Unverlangt ist eine E-Mail dann, wenn das Einverständnis des Empfängers zum Empfang der Nachricht nicht vorliegt und nicht zu erwarten ist[TOP04] .*

Ein Versender von UCE möchte die Empfänger zu einem Kauf seiner angebotenen Produkte oder Dienstleistungen animieren. UCE wird von Spammern im Namen von Unternehmen oder Webseiten-Betreibern versendet; dabei sind die Anreizsysteme für die Spammer häufig Provisionszahlungen bei Neukundengewinnung (ergänzend dazu siehe Band 3: „Ökonomie des Spammings"). Zu den typischen Produkten in UCE zählen z. B. Webseiten mit pornografischen Inhalten, potenzsteigernde Mittel, Diätpräparate oder ähnliche Produkte. Der kommerzielle Hintergrund ist bei Parteienwerbung, bei der Vermittlung weltanschaulicher, politischer oder religiöser Ideen zwar nicht gegeben, diese Art von Spam zählt aber weitestgehend auch zu UCE (vgl. [TOP04] und [WIK08a]). Rechtlich gibt es allerdings international Unterschiede bei der Definition und der juristischen Zulässigkeit (vgl. dazu die Gesetzeslage in Australien 3.1.4 und in Deutschland 3.1.1.2).

Eine brauchbare Legaldefinition für Spam leitet sich aus dem deutschen Wettbewerbsrecht ab: elektronische Werbung ist gem. § 7 Abs. 1 Gesetz gegen unlauteren Wettbewerb (UWG) - z. B. per E-Mail - ohne vorherige Einwilligung Spam, weil sie andere Marktteilnehmer in unzumutbarer Weise belästigt. Insbesondere ist lt. § 7 Abs. 2, Nr. 1 UWG von einer unzumutbaren Belästigung auszugehen, wenn nach § 7 Abs. 2, Nr. 3 UWG erkennbar ist, dass der Empfänger die Werbung nicht wünscht, die Einwilligung des Empfängers für elektronische Post nicht vorliegt oder gem. § 7, Abs. 2, Nr. 4 UWG die Identität des Absenders, in dessen Auftrag die Nachricht versendet wurde, nicht klar hervorgeht oder falsch ist. Auf die Ausnahmen wird in Punkt 3.1.1.3 weiter eingegangen.

Zur Abgrenzung von UCE zu Links und Anhängen von E-Mail-Diensten, die eine rein private E-Mail-Nachricht um kommerzielle Inhalte ergänzen, gibt es einzelne US-Bundesstaatengesetze, die für die kostenlose Überlassung eines E-Mail-Postfachs angehängte Werbung vom Begriff der kommerziellen E-Mail ausnehmen. In Deutschland sind derartige E-Mails, die nicht rein auf die Tätigkeit des zur Übermittlung genutzten Anbieters verweisen, prinzipiell als belästigend anzusehen (vgl. [BAH03], [MAD07]).

Auf die speziellen Regelungen im internationalen Umfeld wird im nächsten Kapitel eingegangen. Zur Abgrenzung und Definition von Werbung im juristischen Sinne sei an dieser Stelle auf [MAD07] verwiesen.

3. Juristische Aspekte von Spam

Die Betrachtung der juristischen Aspekte von UCE steht in diesem Punkt im Vordergrund und soll einen Überblick über die Rechtslage und Rechtsfolgen in Deutschland, in Europa, den USA und Australien geben. Neben der Rechtslage wird im Anschluss der juristisch einwandfreie Einsatz von Filtermaßnahmen und -Techniken diskutiert, um sich vor Spam zu schützen.

Auf die Problematik des „Zurück-Hackens" wird im juristischen Sinne in dem Band 15: „Angreifen der Angreifer" ausführlich eingegangen.

3.1. Rechtslage

Unerwünschte E-Mails mit kommerziellem Hintergrund sind in Deutschland und der EU zwar verboten, jedoch ist die Behandlung (wie weiter unten beschrieben) international uneinheitlich (vgl. [TOP04]). Die Grundlagen für Rechtsfolgen in Form von Sanktionen sind dementsprechend unterschiedlich. Im betrachteten Untersuchungsgegenstand sind rechtliche Grundlagen eingeführt und etabliert, die dabei auf den unterschiedlichen Prinzipien: Einverständnislösungen („Opt-In") und Widerspruchslösungen („Opt-Out") beruhen (vgl. [KAR07]).

Das in Deutschland und in weiteren EU-Staaten sowie in Australien (vgl. [ITU05]) durchgesetzte „Opt-In"-Prinzip regelt die rechtliche Zulässigkeit bei versendeten Werbe-E-Mails über die vorherige ausdrückliche oder konkludente Einwilligung des Empfängers. [TOP04] grenzt Spam weiterhin von solchen E-Mails ab, bei denen bereits ein geschäftlicher Kontakt (vgl. 3.1.1.3) zu dem Versender besteht.

Für Versender von UCE (Spammer) bedeuten diese Prinzipien, dass bei einer Rechtsprechung mit Anwendung des „Opt-In"-Prinzips der Nachweis erbracht werden muss, dass eine Einwilligung des Empfängers vorlag.

Die Versendung von kommerzieller Werbung ist auch dann rechtswidrig, wenn die erklärte Zustimmung nicht von dem Empfänger selbst stammte. Um diese Praxis zu verhindern, wird heute das in dieser Hinsicht für den seriösen Versender rechtlich nicht geforderte „Double-Opt-In"-Verfahren genutzt (siehe 3.1.1). In der Vergangenheit gab es in Deutschland Abmahnungen, die aufgrund der Verifikations-Nachricht wettbewerbswidriges Verhalten erachteten und von den zuständigen Gerichten letzendlich abgewiesen wurden (vgl. [WIK08b], [TAZ07]).

In den USA gilt indes das „Opt-Out"-Prinzip, welches Werbe-E-Mails grundsätzlich ohne vorherige Einwilligung zulässt. Allerdings fordert dieses Prinzip die Möglichkeit, dass man sich mit geringem Aufwand aus dem Kreis der Empfänger löschen kann, beispielsweise aus einer Liste austragen kann (vgl. [KAR07]).

Für Versender von UCE bedeutet das „Opt-Out"-Prinzip, dass bei einer anwendbaren Rechtsprechung kein Verstoß vorliegt, wenn UCE zum Empfänger gelangt. Allerdings sind andere Anforderungen (vgl. 3.1.3) nötig, um rechtlich unbeschadet UCE zu versenden. Die Möglichkeit zum Austragen aus der Verteilerliste für den Empfänger birgt indes das Risiko, dass damit ein existierendes E-Mail-Postfach, also ein verifizierter potenzieller Kunde für weitere UCE gefunden wurde. Daher ist das Verfahren umstritten (vgl. [KAR07]). Durch die Möglichkeit der erstmaligen unerbetenen Zusendung wird die Spam-Produktion zudem begünstigt (vgl. [GEI05]).

In Band 16, „Betrieb sicherer und seriöser Mailinglisten" wird im Detail auf die Unterschiede und technischen Rahmenbedingungen der verschiedenen „OPT"-Verfahren eingegangen. Juristisch wird hier nur in Widerspruchslösungen und Einwilligungslösungen unterschieden.

Nachfolgend werden die korrespondierenden Regelungen und juristischen Rahmenbedingungen nebst Rechtsgebietsaufteilung (wenn anwendbar) dargestellt.

3.1.1. Anti-Spam-Recht in Deutschland

Das erste Urteil zum Thema UCE wurde bereits im Dezember 1997 veröffentlicht; so ist das Thema Spam per E-Mail den Juristen in Deutschland keineswegs neu. Im Laufe der Zeit hat sich die grundlegende Rechtsprechung durch ein Urteil des Bundesgerichtshofes bestätigt (vgl. [TOP04]).

Mittlerweile gilt das „Opt-In"-Prinzip in Deutschland nach dem Gesetz gegen unlauteren Wettbewerb (UWG) rechtsverbindlich (vgl. [GEI05]). Auch Ordnungswidrigkeits-Verfahren (siehe 3.1.1.5) mit Geldbußen oder Unterlassungsansprüche (siehe 3.1.1.2) ergeben sich bereits beim Versand von einer UCE: Eine Rechtsverletzung tritt nach der Rechtsprechung bereits beim einmaligen Versand einer UCE auf (vgl. LG Berlin, 16 O 201/98; LG Traunstein, 2 HKO 3755/97, [WIK07] und [TMG07]).

Die Bestätigungs-Nachricht des „Double-Opt-In"-Verfahrens wird indes nicht mehr als UCE für rechtswidrig erachtet; deutsche Gerichte sehen das „Double-Opt-In"-Verfahren als die einzig gangbare Möglichkeit für die Versender von Werbenachrichten zur rechtlichen Absicherung an (vgl. [BAH03], [TAZ07]).

An den Versender von Werbenachrichten sind weiterhin Anforderungen aus dem Telemediengesetz (TMG), wie etwa zur Kennzeichnungspflicht, auferlegt.

Den Vergleich zwischen europäischem Recht (Vorgabe zur Umsetzung in nationales Recht) und deutschem Anti-Spam-Recht wird im Punkt 3.1.2 aufgenommen, da hier durchaus Unterschiede und Gewichtungen bei der Umsetzung vorgenommen wurden.

Einen Überblick zu rechtlichen Ansprüchen (Unterlassung, Schadensersatz, Auskunft, Sonstige) zum Thema Spam gibt [KAR07].

3.1.1.1. Abgrenzung von Straf-, Zivil-und Wettbewerbsrecht

Gegen UCE kann sowohl aus wettbewerbsrechtlicher als auch aus privatrechtlicher Betrachtung juristisch vorgegangen werden. Aus wettbewerbsrechtlicher Sicht stellt das UWG gewisse Anforderungen an Werbe-E-Mails, um gegen unlautere Wettbewerber oder sittenwidriges Vorgehen juristisch einzugreifen. Dabei wird also die geschäftliche Nutzung von Werbe-E-Mails reglementiert. Unterlassungsanspruchberechtigt sind aus diesem Grunde nur Wettbewerber von UCE-Versendern bzw. Spammern (vgl. [RIC06]). Die zivilrechtliche Sicht auf UCE bietet ebenfalls einen Unterlassungsanspruch für geschäftliche Anwender, aber im Fokus ist hier der Privatanwender. Die zivilrechtlichen Bestimmungen finden in der Regel nur dann Anwendung, wenn die spezifischen Normen des UWG nicht herangezogen werden können; das BGB verhält sich gegenüber dem UWG grundsätzlich subsidiär (vgl. [MAD07]). Konkurrierende Ansprüche sowohl zivilrechtlicher als auch wettbewerbsrechtlicher Art können aus dem Kreise der in §8 Abs. 3 Nr. 1 – 4 UWG genannten Gruppen erwachsen, falls eine Handlung beide Tatbestände gleichzeitig erfüllt: Da im Zivilrecht z. B. längere Verjährungsfristen gelten, kann diese Konkurrenz interessant sein (vgl. [MAD07]). Das Strafrecht an sich sieht keine strafrechtliche Verfolgung aufgrund des Versandes von UCE vor. Allerdings können die Rahmenbedingungen beim Versand und die Inhalte einer UCE zur Strafanzeige gebracht werden (vgl. [HIL05]). Unter Punkt 3.1.1.3 wird zudem die Kennzeichnungspflicht für Werbe-E-Mails aus dem Telemediengesetz (TMG) angeführt.

Im Folgenden werden die Rechtsgebiete in Deutschland entsprechend der o.g. Einschätzung vorgestellt und abgegrenzt.

3.1.1.2. Zivilrecht in Deutschland

Das Versenden von UCE stellt einen Eingriff in die Privatsphäre bei natürlichen Personen dar. Das allgemeine Haftungsrecht schützt hier auch ohne Wettbewerber-Position (siehe Punkt 3.1.1.3) nach §§823 Abs. 1 und 1004 Bürgerliches Gesetzbuch (BGB) Empfänger von UCE mit einem Unterlassungs- ggf. auch mit einem Schadensersatzanspruch (vgl. [KAR07]). Dies setzt zum einen die fehlende Einwilligung des Beworbenen voraus, sowie die Gefahr der Wiederholung. In beiden Fällen ist hier der Werbende beweispflichtig (vgl. AG Nienburg zum Unterlassungsanspruch aufgrund von E-Mail Werbung (6 C 735/03), OLG Bamberg zu einem Unterlassungsanspruch bei Spam-Mails (1 U 143/04), AG Hamburg zur E-Mail-Werbung gegenüber einem Anwalt (5 C 11/05)) (vgl. [WUL05]).

Werden Mailserver eines Providers durch Versender von UCE mißbraucht, findet ein ebenfalls grundrechtlich geschützter Eingriff in den eingerichteten und ausgeübten Gewerbebetrieb bei Mißbrauch des eigenen Mailservers durch Versender von UCE statt. Es handelt sich um sonstige Rechte im Sinne des §823 Abs. 1 BGB (vgl. [RIC06] , [ECO07]).

Das Persönlichkeitsrecht regelt, dass der Einzelne selbst entscheiden soll, ob und inwieweit er elektronische Werbung empfangen möchte. Der Unterlassungsanspruch begründet sich daher auf der Tatsache, dass UCE die Aufmerksamkeit des Betroffenen über Gebühr beansprucht und zu einer unzumutbaren Belastung für den Privat- und Arbeitsbereich des Empfängers von UCE führt. Selbst bei UCE aus dem Ausland unterliegen solche Ansprüche aus unerlaubter Handlung gem. §§823 ff. BGB grundsätzlich dem Recht des Deliktortes i.S.d. Art. 40 Einführungsgesetz zum BGB; im Fall eines Empfängers von UCE in Deutschland also deutsches Recht, welches gemäß § 32 Zivilprozessordnung (ZPO) als Klage im zuständigen Gerichtsbezirk (Wohnsitz des Empfängers von UCE oder Ort des Eingangs der UCE) eingereicht werden kann (vgl. [ELB08]).

Im Zusamenhang mit Parteienwerbung und Spam wurden bereits Unterlassungsansprüche bei der Nutzung von E-Cards (elektronische Postkarten via E-Mail) durchgesetzt, da diese zwangsläufig Werbung für den Betreiber enthalten (vgl. [WIK08a]). Bei der Zulässigkeitsfrage wurden in der bisherigen Rechtsprechung die gleichen Grundsätze gem. § 7 Abs. 2 Nr. 3 UWG wie für UCE angewendet; eine vorherige oder mutmaßliche Einwilligung, beispielsweise bei E-Card zum Geburtstag des Empfängers, reicht nach § 7 Abs. 2 Nr. 3 UWG nicht aus. Im Sinne des § 7 Abs. 2 Nr. 3 UWG sind also E-Cards, die Werbung enthalten, eine unzumutbare Belästigung (vgl. [MAD07]). Im Zusammenhang mit E-Cards sei auf [MAD07] verwiesen.

Die Haftung nach §1004 BGB ist jedoch nicht auf den Versender von UCE beschränkt, sondern kann auch auf Mitwirkende (sog. Störerhaftung) ausgeweitet werden. Ein Unterlassungsanspruch kann also durchgesetzt werden:

> *Als Mitwirkung genügt auch die Unterstützung oder das Ausnutzen des Handelns eines eigenverantwortlichen Dritten, sofern der Störer die rechtliche Möglichkeit zur Verhinderung dieser Handlung hatte. Die Störerhaftung trifft also auch denjenigen, der vom Versand einer unerwünschten Werbemail Vorteile hat, also etwa den Betreiber der beworbenen Website oder Inhaber der genannten 0190er-Nummer [TOP04].*

Grundsätzlich sind Zugangs-Provider von der Störerhaftung (siehe 3.1.1.3) nicht betroffen, es sei denn, diese kooperieren gezielt und gerichtsfest nachweisbar mit einem Spam-Versender. Auch kann ein Zugangs-Provider für die fehlende Identitätsprüfung eines Sub-Domain-Kunden als „Zustandsstörer" haftbar gemacht werden (vgl. [TOP04]). Eine Haftung als Mitstörer kann auch erwachsen, wenn ein Diensteanbieter Spammern bestimmte Versendefunktionen (E-Cards und Newsletter) zur Verfügung stellt (vgl. Urteil vom 05.11.2002, Az.: 33 O 17030/02 sowie Urteil vom 15.04.2003, Az.: 33 O 5791/03).

Entscheidet sich der betroffene Empfänger dafür, rechtliche Schritte gegen den Versender von UCE einzuleiten, empfiehlt es sich, zuvor von der Rechtsschutzversicherung (sofern vorhanden) eine Zusage zur Übernahme der Gerichts- und Anwaltskosten zu erwirken. [ELB08] merkt dazu an, dass man grundsätzlich vor Einreichung einer Klage die damit einhergehenden Risiken abwägen solle: Das Hauptproblem liege darin, den Absender einer Spam-Mail zu ermitteln. Um gegen ihn Klage einreichen zu können, sei seine ladungsfähige Adresse notwendig. Hinzu komme, dass die Spammer oder ihre Hintermänner in den meisten Fällen ihren Sitz im Ausland haben - oft außerhalb Europas. Selbst wenn in diesen Fällen eine ladungsfähige Anschrift ermittelt werden könne, müsse gewährleistet sein, dass eine etwaige Klage im Ausland zugestellt wird. Doch auch bei einer ordnungsgemäßen Zustellung der Klage und möglicherweise einem zu Gunsten des Klägers rechtskräftigen Urteils könne es Probleme mit der Vollstreckung geben. Schlimmstenfalls bliebe der Kläger auf den Gerichts- und Anwaltskosten sitzen. Zur internationalen gerichtlichen Geltendmachung sei auf [BAH03] verwiesen.

3.1.1.3. Wettbewerbsrecht in Deutschland

Unter Wettbewerbsrecht tritt in Zusammenhang mit Spam vor allem das Gesetz gegen unlauteren Wettbewerb (UWG) juristisch in Erscheinung. Dabei liegt der Fokus bei Versendern von kommerziellen E-Mails, Diensteanbietern und Wettbewerbern.

Das UWG regelt seit 2004 unmißverständlich im § 7 die Anforderungen an kommerzielle E-Mails, um nicht als UCE juristisch wettbewerbswidrig klassifiziert zu werden. Dazu gehört der zentrale Aspekt, dass ein Empfänger vor dem Erhalt einer elektronischen Werbenachricht per E-Mail in den Versand eingewilligt hat. Die unzumutbare Belästigung, die im Sinne von § 3 UWG unlauter ist, gilt für Privatpersonen und Wettbewerber gleichermaßen (vgl. [KAR07], vgl. dazu 3.1.2). Unterlassungsansprüche kann nur ein Wettbewerber erwirken: Die unmittelbar betroffenen Verbraucher und Unternehmer können aus dem UWG kein eigenes Klagerecht herleiten. Zu den Wettbewerbern im Sinne des UWG gehören Mitbewerber (vgl. § 2 Abs. § 2 Abs. 1, Nummer 3 UWG) des Versenders oder des Unternehmens, welches den Versand in Auftrag gegeben hat, Wettbewerbsverbände, Handelskammern und Verbraucherverbände. Über die Verbände lässt sich indirekt allerdings ein Anspruch im Sinne des UWG erwirken (vgl. [TOP04]). Ungeachtet dessen können Ansprüche aus dem BGB geltend gemacht werden (siehe 3.1.1.2 und zur Konkurrenz vgl. 3.1.1.1).

Dabei geht der Unterlassungsanspruch so weit, als dass dieser sich auf den gesamten geschäftlichen Verkehr auswirkt und so ein Spammer auch keinem weiteren Empfänger E-Mails zusenden darf. Bei Zuwiderhandlung drohen Ordnungsgelder und Haftstrafen (siehe 3.1.1.4) (vgl. [RIC06]).

Die Willenserklärung und somit das Einverständnis des Empfängers im Rahmen einer bestehenden Kundenbeziehung bzw. bei Gleichartigkeit des beworbenen Produkts und der Dienstleistung des Empfängers ist nun als Rechtfertigungsgrund nicht mehr von Bedeutung: Die Ausnahmeregelung findet in § 7 Abs. 3 UWG Anwendung. Diese wird auch als qualifiziertes Opt-Out-Prinzip oder Soft-Opt-In bezeichnet; daran sind kumulativ Bedingungen geknüpft, wie etwa lt. § 7 Abs. 3, Nr. 1 UWG die E-Mail-Adressgewinnung im Zusammenhang mit dem Verkauf einer Ware und gem. § 7 Abs. 3 Nr. 2 UWG die Nutzung der Adresse für Direktwerbung eigener und ähnliche Dienstleistungen oder Produkte. Gem. § 7 Abs. 3 Nr. 3 UWG darf der Kunde der Nutzung seiner E-Mail-Aresse nicht bereits widersprochen haben und weiterhin nach § 7 Abs. 3 Nr. 4 UWG muss bei jeder Nutzung deutlich darauf hingewiesen werden, dass er der Nutzung seiner Adresse für Marketing-Zwecke jederzeit widersprechen kann (vgl. [ECO06], [HEI04]).

Die Nachweispflicht trifft laut der Grundsatzentscheidung des Bundesgerichtshofes (Urteil vom 11. März 2004, Az. I ZR 81/01) den Versender von kommerziellen E-Mails. Um der Nachweispflicht gerecht zu werden, empfiehlt es sich, im Rahmen einer Bestellung von Newslettern per Bestätigungs-E-Mail ("Double-Opt-In") die Anmeldung verifizieren zu lassen: Bevor der potenzielle Kunde überhaupt in den Newsletter-Verteiler aufgenommen wird, muss er die Einwilligung als Antwort auf die Bestätigungs-E-Mail abgeben. Die einfache Bestätigungs-E-Mail ohne Einwilligung des Empfängers dürfte nicht als Nachweis ausreichen. Es werden ebenfalls Anforderungen an den Aufbau und Inhalt der Bestätigungs-E-Mails gestellt, damit diese nicht auch unter UCE fallen (vgl. [HEI04], [TAZ07], Band 16: „Betrieb sicherer und seriöser Mailinglisten").

Zu weitergehenden Anforderungen an Einwilligungen sei auf [KAR07] verwiesen.

Im Rahmen eines Verfügungsverfahrens (o.a. Eilverfahrens) auf Unterlassung von UCE zu klagen ist aufgrund der widersprüchlichen Urteile seitens der Oberlandesgerichte nicht empfehlenswert. Die innerhalb von wenigen Tagen auf der Basis von eingeschränkten Beweismitteln ergehenden Urteile unterscheiden sich zum Teil massiv (vgl. [HEI04]).

Diese Regelungen basieren im Wesentlichen auf den Vorgaben der EU (siehe 3.1.2). Diese hatte bereits 2002 eine Richtlinie erlassen, deren Vorgaben („Opt-In") in Form von Umwandlungen in nationales Recht in allen Mitgliedsstaaten umgesetzt wurde und man, abgesehen von marginalen Unterschieden (vgl. 3.1.2), von einer vergleichbaren Rechtslage innerhalb der EU sprechen kann (vgl. [TOP04]).

Für das Versenden von seriösen Werbe-E-Mails sei auf auf den Band 16, „Betrieb sicherer und seriöser Mailinglisten" und die weiterführenden Hinweise in [ECO06] sowie den Arbeitskreis Online-Marketing des eco-Verbandes verwiesen.

3.1.1.4. Strafrecht in Deutschland

Der Versand von UCE ist nach deutschem Recht nicht unmittelbar strafbar. Dabei ist unterstellt, dass der Versender von UCE auf eine eigene Infrastruktur zum Senden der E-Mails zurückgreift und die Absenderadresse nicht fälscht.

Anders bei der Nutzung von Infrastruktur anderer Dritter, z. B. über Bot-Netze (vgl. [TOP04]), hier könnte § 265a Strafgesetzbuch (StGB) (Erschleichen von Leistungen) diskutiert werden:

> *Es fehlt an der für § 265a StGB als so genanntes „Vermögensdelikt" notwendigen Absicht, eine üblicherweise entgeltpflichtige Leistung ausnahmsweise ohne Gegenleistung zu nutzen, dies ist allenfalls eine Nebenfolge des Handelns. Die bloße Nutzung eines fremden Rechners ohne dessen Beeinträchtigung ist ohnehin nicht strafbar und wird allgemein nur als folgenloser „Zeitdiebstahl" behandelt [TOP04].*

Strafbar nach deutschem Recht i.S.d §§ 184b, 202a, 303a oder 303b StGB sind UCE, die rechtswidrige Inhalte, wie z. B. rechtsextreme Inhalte, Kinder-Pornographie oder Malware transportieren.
Bei sogenannten Phishing-E-Mails, die eine Aufforderung zur Eingabe von Bankzugangsinformationen oder die Installation von sogenannten Dialern enthalten, kann der Tatbestand des Betrugs gem. der §§ 263, 263a und 269 StGB erfüllt sein. Da allerdings unsignierten UCEs die Urkundseigenschaft üblicherweise fehlt, kommen weder §§ 269 noch 267 StGB zum Tragen. Der Tatbestand der Beleidigung und Verleumdung i.S.d. §§ 185 ff. StGB kann ebenfalls vom Inhalt der UCE abhängig erfüllt sein oder durch § 284 StGB, der unerlaubten Veranstaltung eines Glücksspiels, verwirklicht sein.
Sollte die UCE als UBE einen Zusammenbruch von Empfängerpostfächern oder Vermittlungsrechnern auslösen, so sind die Straftatbestände Computersabotage und unerlaubte Datenveränderung gem. der §§ 303a und b StGB erfüllt. Die Störung öffentlicher Telekommunikationsanlagen ist ebenfalls lt. § 317 StGB strafbar; dieser Straftatbestand wird allerdings heute kaum mit UBE erfüllbar sein, da das Angebot an Ressourcen stetig wächst, es sei denn, es handelt sich um Mail-Bomben oder Joe Jobs (vgl. [HIL05] und [TOP04]).

Der Mißbrauch von Domainnamen als Form der Fälschung von Absenderadressen ist für Privatanwender als Eigentümer der betroffenen Domain nicht geregelt: Weder der Tatbestand des Betrugs, Computerbetrugs oder Urkundenfälschung liegt vor. Der Straftatbestand der Kennzeichenrechtsverletzung ist gegen Versender von UCE möglicherweise anwendbar (siehe 3.1.1.5).

3.1.1.5. Weitere relevante Rechtsgebiete in Deutschland

Angrenzende Rechtsgebiete zur juristischen Klärung des Spammings sind weiterhin das Datenschutzrecht, hier durch das Telemediengesetz (TMG) angeführt und das Markenrecht, hier durch das Markengesetz (MarkenG) angeführt.

Für Versender von kommerziellen E-Mails sind die Maßgaben des TMG relevant. §6 Abs. 2 TMG gibt Vorgaben über den rechtlich erforderlichen Aufbau einer Werbe-E-Mail: So dürfen in der Kopf- und Betreffzeile weder der Absender noch der kommerzielle Charakter der Nachricht verschleiert oder verheimlicht werden. Ein Verheimlichen oder Verschleiern liegt dann vor, wenn die Kopf- und Betreffzeile absichtlich so gestaltet sind, dass der Empfänger vor dem Lesen des Inhalts der E-Mail keine oder irreführende Informationen über die tatsächliche Identität des Absenders oder den werbenden Charakter der Nachricht erhält.

Ein Verstoß gegen diese Regelung wird als Ordnungswidrigkeit in Form eines Bußgeldes bis zur Höhe von 50TEUR geahndet. Dabei wäre allerdings nur inhaltliche Irreführung über Absender und Inhalt geregelt, nicht jedoch der Versand von UCE an sich unter Strafe gestellt (vgl. [RIC06]).

Für Diensteanbieter, sog. Service-Provider sieht der §9 TMG eine Privilegierung vor, da diese lediglich fremde Informationen weitersenden, deren Inhalte nicht bekannt sind. Eine Störerhaftung könnte sich allerdings analog zu Punkt 3.1.1.2 ergeben.

Problematisch bei der aktuellen Fassung des TMG ist jedoch die Durchsetzbarkeit. Einerseits kommen die meisten UCE aus dem Ausland und sind deswegen rechtlich nur schwer zu verfolgen (siehe 3.1.1.2). Andererseits ist die Ermittlung des Urhebers solcher E-Mails sehr aufwendig. Deswegen ist fraglich, ob die Gerichte diese Vorschrift auch tatsächlich durchsetzen können (vgl. [OTT07]).

Da sich kein Straftatbestand direkt aus der Fälschung einer Absenderadresse herleiten läßt (vgl 3.1.1.4), sei an dieser Stelle auf das Markengesetz verwiesen:
Werden Absenderangaben, wie z. B. die Absenderadresse, in der Form gefälscht, als dass diese eine Domain eines anderen gewerblichen Anbieters nutzt, kann sich ebendieser auf die strafbare Kennzeichenrechtsverletzung § 143 MarkenG berufen. [TOP04] fasst zusammen, dass es bei einer Strafandrohung von maximal fünf Jahren verboten ist, vorsätzlich eine eingetragene Marke oder ein Geschäftskennzeichen ohne Zustimmung des Inhabers im geschäftlichen Verkehr in verwechslungsfähiger Art und Weise zu nutzen. Da die Rechtsprechung davon ausgeht, dass eine im geschäftlichen Verkehr verwendete Domain ein Unternehmenskennzeichen ist, wäre danach die Verwendung einer derartigen Adresse als Absenderangabe in Spam eine strafbare Handlung.

3.1.2. Anti-Spam-Recht in Europa

Die Richtlinien der EU und die nationalen Umsetzungen der Gemeinschaftsstaaten (auch Deutschland) haben sich für die Einwilligungslösung oder das „Opt-In"-Prinzip von kommerziellen Werbe-E-Mails entschieden. Demnach ist der Versand von E-Mail-Werbung nur mit Einwilligung des Empfängers erlaubt. Das „Opt-Out"-Prinzip fand dagegen keine Zustimmung. Eine Ausnahme ist das sogn. „Soft-Opt-In"-Prinzip, welches E-Mail-Werbung ohne Einwilligung des Empfängers unter bestimmten Voraussetzungen bei bestehenden Kundenbeziehungen zulässt (vgl. [MAD07]).

Insgesamt sind unter anderem fünf EU-Richtlinien relevant für die Einschätzung der juristischen Probleme des Spammings. Die Festlegung des „Opt-In"-Prinzips wird in Art. 13 Abs. 1 Datenschutzrichtlinie für elektronische Kommunikation – 2002/58/EG (EK-DSRL) vorgegeben und ist in seinem Anwendungsbereich vorrangig vor den entsprechenden Regelungen der anderen Richtlinien umzusetzen. In Art. 13 Abs.2 der EK-DSRL wird die Zulässigkeit von E-Mail-Werbung bei bestehenden Kundenbeziehungen geregelt. Die Richtlinie 97/7/EG über den Verbraucherschutz bei Vertragsabschlüssen im Fernabsatz sowie die Richtlinie 2000/31/EG über bestimmte rechtliche Aspekte der Dienste der Informationsgesellschaft, insbesondere des elektronischen Geschäftsverkehrs, im Binnenmarkt sprechen sich dagegen für das „Opt-Out"-Prinzip aus (vgl. [HIL05]). Auch die Finanzdienstleistungsrichtlinie – 2002/65/EG und die Unlauterkeitsrichtlinie – 2005/29/EG sind nachrangig zu der EK-DSRL anzuwenden. Einen Überblick über die weiteren EG-Richtlinien gibt [MAD07].

Gemäß Art. 13 Abs. 2 der EK-DSRL sind keinesfalls solche Werbe-E-Mails zu versenden, bei denen die Identität des Absenders, in dessen Auftrag die Nachricht übermittelt wird, verschleiert oder verheimlicht wird, oder die keine gültige Adresse enthalten, an die der Empfänger eine Aufforderung zur Einstellung solcher Nachrichten richten kann (vgl. [KAR07]).

Der deutsche Gesetzgeber hat sich durch § 7 Abs. 2 und 3 UWG an den Wortlaut der EK-DSRL angelehnt. Der Spielraum, den die EG-Richtlinie in Art. 13 Abs. 5 EK-DSRL bezüglich der unterschiedlichen Regelung gegenüber natürlichen und juristischen Personen öffnete, wurde vom deutschen Gesetzgeber nicht umgesetzt (vgl. [MAD07]). Von daher gelten nach deutschem Wettbewerbsrecht (UWG) die Regelungen für alle Marktteilnehmer, also Private und auf Unternehmer als Werbeadressaten (siehe 3.1.1.3):

> *Nach Art. 13 Abs. 5 Satz 1 der Richtlinie gelten die vorstehenden Grundsätze unmittelbar nur für Empfänger, die natürliche Personen sind. Jedoch ordnet Art. 13 Abs. 5 Satz 2 an, dass die berechtigten Interessen anderer Teilnehmer als natürlicher Personen in Bezug auf unerbetene E-Mail-Werbung ausreichend geschützt werden [KAR07].*

Die Rechtslage in Europa ist durch die EK-DSRL vom 12. Juli 2002, die bis Ende 2003 von den EU-Mitgliedstaaten in nationales Recht umzusetzen war, im Ergebnis vergleichbar:

Liegt eine Einwilligung des Empfängers vor, so ist nicht von UCE auszugehen und die E-Mail-Werbung zulässig. Die konkrete Umsetzung in das jeweilige nationale Recht ist in den jeweiligen Ländern unterschiedlich (vgl. [RIC06]). Eine Übersicht dazu liefert die Dissertation [BAH03].

Neben der innergemeinschaftlichen Regelungen bemüht sich die EU um das Gespräch und die Zusammenarbeit mit jenen Drittländern, die auf der Liste der Spam-Absender (Stand 2007: Die EU liegt mittlerweile mit einem Anteil von 32 Prozent der weltweit versendeten Spam-Mails an zweiter Stelle hinter Asien (34 Prozent) und vor Nordamerika (24 Prozent) vgl. [HEL07]) ganz oben stehen. So bekämpft die EU etwa zusammen mit den USA illegale Späh- und Schadprogramme (vgl. [EIC06]). Verbraucher werden nach o.g. Richtlinie über unlautere Geschäftspraktiken vor aggressiven Geschäftspraktiken geschützt. In der Verordnung über die Zusammenarbeit im Verbraucherschutz ist eine grenzüberschreitende Zusammenarbeit in der Bekämpfung entsprechender Praktiken vorgesehen (vgl. [EUR06]).

Zur detaillierten Analyse der Unterschiede zwischen der Gesetzeslage in der EU und in den USA sei auf [MOU05] verwiesen.

3.1.3. Anti-Spam-Recht in den USA

In den Vereinigten Staaten von Amerika (USA) wurde mit dem Strafgesetz: „Controlling the Assault of Non-Solicited Pornography and Marketing Act of 2003" (CAN-SPAM Act, übersetzbar mit: „Gesetz zur Steuerung der Übergriffe durch unerbetene Pornographie und Marketing") versucht, die Flut unverlangter E-Mails zu reglementieren. Gem. Sec. 5(a) Nr. 4 CAN-SPAM Act sollen Empfänger sich damit gegen unerwünschte Werbung nach dem Widerspruchsverfahren („Opt-Out"-Prinzip) wehren und Absender bestraft werden können (vgl. [ANW03]). Damit wurde eine fast sechs Jahre lange Debatte um Gesetzesvorschläge rund um die Spam-Problematik in den USA abgeschlossen. Insbesondere wurde ein dem Rang nach vorgehendes Gesetz gegenüber den einzelstaatlichen Regelungen erlassen (vgl. [KAR07]). Die gesetzlichen Regelungen der einzelnen Bundesstaaten werden nicht behandelt und würden den Rahmen dieser Arbeit sprengen.

Der Fokus des CAN-SPAM Act liegt dem Namen nach nicht nur auf dem Schutz des Verbrauchers von Werbung per E-Mail im Allgemeinen (siehe 3.1), sondern explizit auf dem Schutz des Empfängers vor unbeabsichtigter Konfrontation mit Werbe-E-Mails, die sexuelle Inhalte enthalten (vgl. [SIE04]). Die wichtigste Anforderung an Werbe-E-Mails mit sexuellem Inhalt ist die explizite einheitliche Kennzeichnung dieser in der Betreffzeile; die Kennzeichnungsmerkmale werden von der Federal Trade Commission (us-amerikanische Wettbewerbsbehörde - FTC) vorgeschrieben (vgl. [ECO06]). Aber auch alle anderen Werbe-E-Mails müssen lt. Sec. 5(a) Nr. 5 (a) (i) CAN-SPAM Act klar und deutlich als Werbung gekennzeichnet werden. Gem. Sec. 5(a) Nr. 3 CAN-SPAM Act müssen darüber hinaus bei allen Formen von UCE Möglichkeiten zum Widersprechen des Werbeangebots in der E-Mail enthalten sein (Opt-Out-Funktion); diese Adresse muss lt. Sec. 5(a) Nr. 3 (A) (ii) CAN-SPAM Act 30 Tage nach Absendung der Werbe-E-Mail noch erreichbar sein. Spätestens nach zehn Tagen ist gem. Sec. 5(a) Nr. 4 (A) CAN-SPAM Act die Versendung von Werbe-E-Mails an einen Versender, der einer weiteren Zustellung widersprochen hat, unzulässig. Gegen das Gesetz verstößt, wer in der Absenderzeile, in den Header-Informationen, in der Betreffzeile oder im Nachrichtentext falsche Angaben macht. Der Absender muss lt. Sec. 5(a) Nr. 5, (A)(ii) und (iii) CAN-SPAM Act zusätzlich seine physische Geschäfts- oder Privatadresse angeben (vgl. [BUR04]). Diensteanbieter sind von den Regelungen des Gesetzes ausgenommen und sind nicht haftbar (vgl. [ITU05]). Insbesondere sind Werbe-E-Mails innerhalb bestehender Geschäftsverbindungen nicht reglementiert (vgl. [KAR07]). Der Geltungsbereich des CAN-SPAM Act erstreckt sich demnach auf jede UCE ausser E-Mails, die auf bestehenden Geschäftsbeziehungen fußen (vgl. [ITU05]). Bei Werbe-Anhängen durch Provider, die den Kunden ein kostenloses E-Mail-Postfach zur Verfügung stellen, sind die rechtlichen Regelungen einzelstaatlich unterschiedlich geregelt: Die Zulässigkeit durch die Einwilligung des Versenders zu regeln, ist in Hinblick auf den Empfänger eher fragwürdig. Eine erhebliche Belästigung ist aber regelmäßig nicht zu befürchten (vgl. [BAH03]).

Sec. 5(b) Nr. 1 (A)(i) CAN-SPAM Act untersagt das „Harvesting" (übersetzbar mit: „Ernten") von bestimmten E-Mail-Adressen auf Internet-Seiten: Denach ist es strafbar, E-Mail-Adressen von Internet-Seiten zu nutzen, zu denen vermerkt ist, dass die Weitergabe untersagt ist. Weiterhin dürfen keine E-Mail-Adressen genutzt werden, die automatisch durch Zufall generiert wurden (vgl. [KAR07], Band 5: „Akquise potentieller neuer Kunden" und Band 11: „Prävention von E-Mail-Spam").

Viele US-Bundesstaaten haben bereits Gesetzte gegen Spam erlassen, über denen der CAN-SPAM Act vorrangig reglementiert. Die weitergehenden Regelungen über die Fälschung von Absenderdaten und das Widersprechen von Werbe-E-Mails in den jeweiligen Staaten sind davon unberührt. Ausgenommen von den Detailregelungen des CAN-SPAM Act sind auch diejenigen Bundesstaaten, die besondere Kennzeichnungspflichten für UCE erlassen haben oder UCE komplett verbieten (vgl. [BUR04]).

Seit dem Inkrafttreten des Gesetzes am 1 Januar 2004 hat das Verbot von Spam in den USA u.a. bereits zu einer bemerkenswerten Haftstrafe von neun Jahren geführt. Haftstrafen sind normalerweise bis zu fünf Jahren ausgelegt (vgl. [RIC06]). In 2004 wurden Strafen in Höhe von einer Milliarde Dollar verhängt: Für 130 Spammer, die 10 Mio. Spams pro Tag versendeten. Für 280 Mio. Spams zum Thema Hypotheken wurde ein Spammer zu einer Geldstrafe von 11,2 Milliarden Dollar verurteilt (vgl. [KAR07]). Verstöße können pro Straftatbestand bis zu 250 Dollar und insgesamt bis zu 2 Millionen Dollar bei nicht-willentlichen Verstößen geahndet werden. Bei wissentlichen Zuwiderhandlungen sind bis zu 6 Mio. Dollar möglich und unbegrenzte Strafen bei Betrugs- oder Mißbrauchsstraftatsbeständen (vgl. [ITU05]). Gegen Versender von UCE auf Unterlassung und Schadensersatz dürfen allerdings nur Internet-Provider i.S.d. Sec. 7(g) CAN-SPAM Act oder staatliche Stellen - wie der Generalstaatsanwalt eines Bundesstaates im Interesse der Einwohner eines Staates - klagen (vgl.[KAR07], [ECO06]).

3.1.4. Anti-Spam-Recht in Australien
Mit dem Anti-Spam-Gesetz (Spam Act 2003) ist Australien Vorreiter und drohte Spammern als erstes Land mit harten Strafen, wobei die Parteiwerbung dort noch erlaubt ist, im Gegensatz zu Deutschland (vgl. [RIC06]). Das Gesetz beruht entsprechend der Rechtslage in der EU auf der Einwilligungslösung bzw. dem „Opt-In-Prinzip" (vgl. [ITU05]). Neben dem o.g. Gesetz regelt Australien in den Gesetzen Spam (consequential amendments) Act 2003 No. 130, 2003 und Spam Regulations 2004 No. 56 - List of Regulations weitere Details.

Mit der „Fünf-Punkte-Strategie" versucht Australien erfolgreich seit der Verabschiedung des SPAM Act 2003 der Lage über die Versendung von Spam im eigenen Land Herr zu werden. Nach Analystenaussagen hat sich die Anzahl von globalem Spam, der aus Australien versandt wird, drastisch reduziert. Unter anderem wurden bekannte Spammer und Unternehmen, die Spam-Kampagnen starteten, vorab über die Auswirkungen des SPAM Act informiert und mit den geplanten

Strafen konfrontiert. Im Einzelnen wird in Sect 15 des SPAM Act 2003 definiert, gegen welche Spams juristisch vorgegangen wird: Unterlassungsklagen, Geldbußen und Gerichtsverfahren sind als Maßnahmen gegen Spammer etabliert. Kommerzielle Werbe-E-Mails dürfen nicht unverlangt zugesandt werden, müssen Auskünfte über den Versender offenlegen und es muss eine Funktion zum Abmelden implementiert sein. Weiterhin steht die Nutzung, die Werbung und der Support für E-Mail-Adress-Suchprogramme unter Strafe (vgl. [ACM08]).

Vom SPAM Act 2003 sind verschiedene E-Mails von Organisationen ausgenommen und führen nicht zu einer strafrechtlichen Verfolgung: Ausgenommen sind Nachrichten von staatlichen Institutionen (wenn diese nicht privatisiert sind), Parteienwerbung (von registrierten Parteien), gemeinnützige Gesellschaften und Stiftungen, religiöse Vereinigungen und Bildungseinrichtungen (vgl. [ACA08]).

Der Begriff UCE hat in Australien die weitergehende Definition, dass ferner E-Mails als UCE klassifiziert und verboten sind, die in der Absicht Gewinn zu erzielen jemanden täuschen oder in die Irre führen. Außerdem reicht es nicht, die Einwilligung des Empfängers beim Empfang zu unterstellen; die Haftung kann durch eine entsprechende Klausel in den UCE nicht vermieden werden.

Unter UCE versteht man indes nicht die sogen. „designated" (übersetzt mit erwünschten) elektronischen kommerzielle Nachrichten, die lediglich Sachinformationen und eingeschränkte Angaben über die Identität des Absenders enthalten. Diese Nachrichten dürfen allerdings keine Werbung für Produkte oder Dienstleistungen aufweisen. Es gibt keine Beschränkungen hinsichtlich des Versenderkreises; lediglich die Anforderungen an bestimmte Versender, wie z. B. Regierungsbehörden, Bildungseinrichtungen und religiöse Einrichtungen u.a. sind reglementiert: Es handelt sich nur dann um eine erlaubte erwünschte kommerzielle Nachricht, falls diese ausschließlich Mitglieder, Studierende o.ä. als Adressaten enthält. In diesem speziellen Fall sind dann aber auch Dienstleistungen oder Hinweise auf Produkte der Bildungseinrichtung zulässig.

Ein weiterer Grundsatz des SPAM Act 2003 ist der ausgewiesene Bezug zu Australien. D. h.: das Gesetz findet nur Anwendung, wenn ein australischer Bezug vorliegt, also die UCE aus Australien verschickt wurde, der Versender oder Auftraggeber sich zum Zeitpunkt des Versandes in Australien aufhält oder sich die Infrastruktur des Versenders in Australien befindet. Der Bezug lässt sich auf den Empfänger analog ableiten. Grundsätzlich unterliegen alle Nachrichten, die aus Australien versendet oder Empfänger in Australien, haben diesem Gesetz (vgl. [CHI04]).

Die Zulässigkeit von Werbe-Nachrichten ist in Australien neben der Einwilligung des Empfängers auch an weitere Voraussetzungen geknüpft: gesetzlich gestattete Werbe-E-Mails müssen Informationen über die Person oder Organisation enthalten, die die Zusendung veranlasst oder genehmigt hat und eine Funktionalität bieten, mit Hilfe derer der Empfänger die Zusendung weiterer Werbenachrichten widersprechen kann (vgl. [ITU05]).

Über die Klassifizierung von UCE hinaus untersagt der SPAM Act 2003 die automatische Speicherung von Adressen und die Nutzung, Bereitstellung oder den Erwerb von entsprechender „Harvester"-Software (vgl. [ECO06] und Band 5: „Akquise potentieller neuer Kunden"). Demnach ist es gesetzeswidrig, mit Hilfe von Software, das Internet nach Adressen zu durchsuchen, diese zu sammeln, zusammenzutragen zu erfassen oder auf sonstige Weise zu speichern (vgl. [CHI04], Band 5: „Akquise potentieller neuer Kunden" und Band 11: „Prävention von E-Mail-Spam").

Die Einhaltung der gesetzlichen Vorschriften zum SPAM Act 2003 wird von der Australian Communications Authority (ACA) überwacht. Neben zivilrechtlichen Geldstrafen sind auch Unterlassungsansprüche durchsetzungsfähig. Die Höhe der Geldstrafen hängt von der Anzahl der Verstöße ab. Im Wiederholungsfall sind bis zu 1.1 Mio. Dollar pro Tag möglich (vgl. [ECO06]). Darüberhinaus kann der „Federal Court of Australia" Verurteilungen zur Zahlung von Schadensersatz und Rückerstattung aufgrund von Zuwiderhandlung erlangten finanziellen Vorteilen erlassen (vgl. [CHI04]).

In Australien gilt seit 2003 ebenfalls ein Anti-Spam-Gesetz, das ein rigides Vorgehen gegen Spam-Versender ermöglicht. Das Gesetz sieht Strafen von bis zu 1,1 Millionen

australischer Dollar (650.000 Euro) für uneinsichtige Versender unverlangter
Werbebotschaften vor. Privatpersonen können mit bis zu 220.000 Dollar belangt
werden [ECO06].

Die ACA veröffentlicht regelmäßig die aktuellen Verfahren gegen Verstöße des Spam Act 2003. Im Jahr 2007 wurde beispielsweise die Firma DC Marketing aufgrund von 132 Einzelverstößen zu einer Geldstrafe in Höhe von 149.600 Dollar verurteilt. Auch die Firma Pitch Entertainment Group wurde zu einer Geldstrafe von 11.000 Dollar verurteilt, weil die technische Abmelde-Funktion bei den Werbe-Nachrichten fehlte. Im Jahr 2006 wurde die Firma Clarity1 Pty Ltd zu einer Geldstrafe von 4.5 Mio. Dollar und der Geschäftsführer zu 1 Mio. Dollar verurteilt, weil neben dem Versand von UCE auch verbotene „Harvester"-Software (s.o.) eingesetzt wurde (vgl. [ACM07a], Band 5: „Akquise potentieller neuer Kunden").

Neben dem SPAM Act 2003 überwacht die ACA auch das Verbot zur Vorbereitung, Verbreitung und Nutzung von sog. Botnetzen, also die Nutzung von fremden IT-Systemen zum Versand von Spam oder generell die Fernsteuerung von fremden IT-Systemen, ohne die Zustimmung oder das Wissen des Eigentümers (vgl. [ACM07b]). Hier sind Freiheitsstrafen im „Criminal Code 1995" von bis zu 2 Jahren vorgesehen, falls ein nicht autorisierter Zugriff oder eine Datenveränderung auf einem fremden IT-System erfolgt. Eine Haftstrafe bis zu 3 Jahren ist für die Veröffentlichung von Bot-Quellcode möglich und bis zu 10 Jahren bei Installation eines Bots auf einem fremden Computer (vgl. [ACM07b]).

3.2. Filtermaßnahmen gegen Spam

Die weltweite Spam-Flut ist wie bereits angedeutet nicht allein mit juristischen Möglichkeiten zu bewältigen, noch in Gänze aufzuhalten (vgl. 2). Um der Flut von UCE entgegenzutreten, bedient man sich heute ausgeklügelter Filtermaßnahmen (siehe dazu Band 1: „E-Mail-Spamfilterung" und im weiteren Band 6: „Header- und Contentfilter", Band 7: „Bildfilter", Band 8: „Vergleichende Filter", Band 9: „Sender-Authentifizierung" und Band 10: „Bayes-Filter").

Nachfolgend stehen nicht die technischen Maßnahmen an sich im Vordergrund, sondern viel mehr die rechtlichen Rahmenbedingungen, in denen die Filterung von UCE, hier insbesondere E-Mails, im jeweiligen Geltungsbereich möglich ist und welche gesetzlichen Grundlagen zu Filtermaßnahmen eingehalten werden müssen, damit Filter eingesetzt werden können. In den Fokus der Betrachtung sollen dabei der Diensteanbieter, die Privatperson und der Unternehmer rücken.

Filtermaßnahmen und Spam-Abwehr-Methoden sind rechtlich nicht unbedenklich. Grundsätzlich muss unterschieden werden, ob sich die Filterung auf UCE oder Malware bezieht und welche Filtermaßnahmen angewendet werden. Beispielsweise gehen Maßnahmen wie Löschen, Blockieren oder Umleiten in spezielle Ordner weiter als das reine Durchsuchen auf bestimmte Merkmale (Filterung).

3.2.1. Rechtskonforme Filterung von Spam und Malware in Deutschland

In Deutschland stellen das Fernmeldegeheimnis, das Persönlichkeitsrecht und das Datenschutzrecht Anforderungen an Filtermaßnahmen. Da UCEs nicht steuerlich relevant sind, bestehen gegen Filtermaßnahmen von UCE keine Bedenken aus handels- und steuerrechtlicher Sicht. Der Unterschied bei der Behandlung liegt vor allem in der Abwehr von akuten Gefährdungen auf die Daten und Infrastruktur bei Malware und dem Schutz vor Belästigung und Ressourcenverbrauch bei UCE. Daraus ergeben sich bei der Beurteilung der Zulässigkeit der Maßnahmen unterschiedliche Schutzziele bei der Malware-Abwehr und der Spam-Bekämpfung durch Filtermaßnahmen: Bei der Malware-Filterung können aufgrund der Bedrohungslage weiter reichende Maßnahmen auf Basis des Datenschutzes und der Datensicherheit zulässig sein (vgl. [ECO07]).

Die automatisierte Filterung von E-Mails in Unternehmen und bei Diensteanbietern (Providern) ohne Kenntnis und Zustimmung der Adressaten kann juristische Probleme verursachen:

Erbringt ein Unternehmen gem. § 206 Abs. 2 Nr. 2 StGB „geschäftsmäßig Post- oder TK-Dienste" für seine Mitarbeiter, d.h.: das geschäftliche E-Mail-Postfach darf auch für private Zwecke genutzt werden, so gilt das Fernmeldegeheimnis für ein- und ausgehende E-Mails in Postfächer der Mitarbeiter, also auch für UCE. Werden im Unternehmen Filtermaßnahmen für die unbefugte Unterdrückung von Spam-E-Mails, die an Mitarbeiter direkt adressiert sind, ergriffen, so liegt eine strafbare Verletzung des Fernmeldegeheimnisses gem. § 206 Abs. 2 Nr. 2 StGB vor, die in Form einer Freiheitsstrafe bis zu fünf Jahren oder durch eine Geldstrafe geahndet wird. Die Berechtigung zum Einsatz geeigneter Verfahren (Filterung) gegen Spam wird deswegen üblicherweise in Individual- oder Betriebsvereinbarungen abgesichert.

Bei der gezielten Löschung von E-Mails können sich Mitarbeiter und Verantwortliche sogar strafbar machen (vgl. OLG Karlsruhe Az.: 1 Ws 152/04 - Beschluss v. 10.01.2005).

Sowohl Access- und Internet-Service-Provider, die Maildienste anbieten, als auch Unternehmen, Behörden und Hochschulen (vgl. OLG Karlsruhe Az.: 1 Ws 152/04 - Beschluss v. 10.01.2005), die eine private Nutzung von E-Mail genehmigen oder dulden, bieten ein „nachhaltiges Angebot von Telekommunikation einschließlich des Angebots von Übertragungswegen für Dritte mit oder ohne Gewinnerzielungsabsicht" gem. § 3 Nr. 10 Telekommunikationsgesetz (TKG). Ein „Dritter" ist gem. § 206 StGB z. B. der adressierbare Mitarbeiter.

Unternehmen, Behörden und Hochschulen sind dann ausgenommen von dieser Regelung gem. § 206 StGB, wenn die private Nutzung von E-Mail verboten ist. Möglich ist weiterhin noch die Strafbarkeit nach § 303a StGB, wenn Daten rechtswidrig gelöscht, unbrauchbar gemacht, verändert oder unterdrückt werden, denn die Provider und Arbeitgeber müssen bei allen E-Mails zunächst davon ausgehen, dass ihre Kunden oder Mitarbeiter jede persönlich adressierte E-Mail auch erhalten wollen. Diese Regelungen beziehen sich auf ein- und ausgehende E-Mails.

Sind die Tatbestände der §§ 206 und 303a StGB erfüllt, sagt dieses juristisch nichts über die Strafbarkeit aus: Liegen entsprechende Einverständniserklärungen für Filtermaßnahmen durch die Kunden und Mitarbeiter vor, schließen diese eine entsprechende Strafbarkeit aus. Im Falle des § 206 StGB wird das Vertrauen der Allgemeinheit in die Wahrung des Post-und Fernmeldegeheimnisses durch eine Einwilligung zum Löschen von E-Mails nicht mehr berührt, wenn eine entsprechende Erklärung ausdrücklich und insbesondere vor Beginn der Filterung von allen Betroffenen abgegeben wird (vgl. [TOP04]).

Bei Diensteanbietern können entsprechende Einwilligungen implizit durch Aufnahme entsprechender Klauseln in die allgemeinen Geschäftsbedingungen erfolgen. Es bietet sich auch ein durch den Kunden selbst zu aktivierendes Menü zur Spamfilterung innerhalb des E-Mail-Dienstangebots an. Eine Einwilligung des Absenders ist nicht erforderlich. Einwilligungserklärungen müssen den datenschutzrechtlichen Anforderungen des § 4a Bundesdatenschutzgesetzes (BDSG) und im elektonischen Einwilligungsverfahren die des § 94 TKG erfüllen (vgl. [ECO07]).

Werden Filtermaßnahmen wie Blacklisting benutzt, können Provider erheblichen juristischen Problemen ausgesetzt werden: Diensteanbieter dürfen laut dem Landgericht (LG) Lüneburg in einem Urteil vom 27. September 2007 (Az. 7 O 80/07) eingehende E-Mails von Konkurrenzunternehmen nicht vor der Zustellung ausfiltern. Dabei ist es unerheblich, ob es sich um UCE handelt oder nicht (vgl. [HEI07]).

Innerhalb von Unternehmen bietet sich die Regelung zur Filterung von E-Mails mit Hilfe von Betriebsvereinbarungen an. Ist § 87 des Betriebsverfassungsgesetzes (BetrVG) anwendbar, so muss der Betriebsrat der Filterung zustimmen, da diese zur Überwachung der Arbeitnehmer genutzt werden könnte. Alternativ können auch individuelle Einwilligungen der Mitarbeiter eingeholt werden. Innerhalb von Behörden können die Filtermaßnahmen innerhalb von Dienstanweisungen geregelt werden.

Eine Einwilligung des Kunden oder Mitarbeiters ist dann nicht erforderlich, wenn keine Löschung, sondern eine Verschiebung von UCE in sogenannte Quarantäne-Ordner eingerichtet ist (vgl. [TOP04]).

Beim Löschen von Malware sind ebenfalls die Tatbestände der §§ 206 Abs. 2 und 303a StGB erfüllt, sofern keine Einwilligung des Empfängers vorliegt. Eine Strafbarkeit für Diensteanbieter, deren Schutzziele gemäß § 109 TKG definiert sind, liegt nur in Ausnahmefällen vor, da bei der Abwehr von Malware dieser Rechtfertigungsgrund zu Gunsten des Filternden ausgelegt werden kann. Daher ist das Filtern auf Viren und Trojaner und anschließendes Löschen auch ohne Einwilligung des Empfängers rechtlich unbedenklich (vgl. [TOP04]). Kommt es bei der Filterung von Spam oder Malware zu einer unberechtigten providerseitigen Löschung, beispielsweise aufgrund einer fehlerhaften Filterfunktion, so kann eine vertragliche Haftung gegen den Provider erwachsen. Von der Haftung kann sich der Diensteanbieter nur exkulpieren, wenn er gerichtsfest nachweist, dass ihn kein Verschulden trifft (vgl. [BAH03]).

Aus dem Blickwinkel des Datenschutzrechts ist der Einsatz von Filtermaßnahmen gegen UCE und Malware grundsätzlich zulässig. Neben dem Gebot der Datensparsamkeit des § 3a BDSG sind die Anonymisierung und das Verhältnismäßigkeitsprinzip einzuhalten (vgl. [ECO07]).

In Ergänzung zu der dargestellten rechtlichen Lage sei für Provider auf [ECO07] verwiesen.

3.2.2. Rechtskonforme Filterung von Spam und Malware in Europa
Die Filterung von Spam und Malware wird in keiner speziellen EU-Richtlinie reglementiert. Allerdings werden Provider i.S.d. EK-DSRL zu angemessenen Sicherheitsmaßnahmen bzw. Vorkehrungen bei der Übermittlung von Nachrichten angehalten (vgl. [ENI06]). Eine Übersicht über die innerstaatlichen Regularien gibt [ENI06].

3.2.3. Rechtskonforme Filterung von Spam und Malware in den USA
In den USA werden Eigeninitiativen der Provider gefördert, um gegen UCE und Malware vorzugehen. Bevor diese zu einer Rechtsgutsverletzung eines Empfängers führen, sollen rechtliche und technische Maßnahmen zur Abwehr von unzulässigen kommerziellen E-Mails, z. B. durch Filtermaßnahmen, implementiert werden. Für die reine Durchleitung von UCE ist der Provider von der Haftung freigestellt.

Werden providerseitig E-Mails fälschlicherweise als UCE oder Malware erkannt und gelöscht, kann der Provider in den USA eine umfassende Haftungsfreistellung beim Nachweis erhalten, nach gutem Glauben gesetzeswidrige Werbeemails abgeblockt zu haben (vgl. [BAH03]).

3.2.4. Rechtskonforme Filterung von Spam und Malware in Australien
Durch das Gesetzt SPAM Act 2003 in Australien werden explizit Filtermaßnahmen für die Sichtung von allen Nachrichten vor dem Empfang durch den Nutzer gefordert. Die Filterung von E-Mails wird als erforderliche Maßnahme zum Schutz vor Spam angesehen und stellt kein rechtliches Bedenken dar (vgl. [ACA08]).

4. Zusammenfassung der Ergebnisse und Ausblick

Das verfassungsrechtlich gewährleistete Recht auf Privatsphäre jedes einzelnen Empfängers wird durch die verbotswidrige Zusendung von E-Mail-Werbung verletzt. Neben rechtlichen und wirtschaftlichen Problemen machen ressourcen- und inhaltsbezogene Bedrohungen einen gesetzlichen Rahmen erforderlich (vgl. [BAH03]).

In der EU wird der Einwilligungslösung bzw. dem „Opt-In"-Prinzip in der Gesetzgebung gefolgt. Demnach sind unverlangte Werbe-E-Mails ohne Einwilligung nicht zulässig. Diese Regelung kommt unmissverständlich in Art. 13 Abs. 1 EK-DSRL zum Ausdruck. Werbe-E-Mails ohne Einwilligung sind nur bei bestimmten bestehenden Geschäftsverbindungen zulässig. Beinahe alle EU-Mitgliedsstaaten, darunter auch Deutschland, haben bereits diese Bestimmungen bzgl. UCE ins nationale Recht umgesetzt.

So ist das Versenden von Werbe-E-Mails ohne vorherige Einwilligung in Deutschland rechtswidrig. Neben der Einwilligungslösung werden weitere Bedingungen an den Versand von UCE innerhalb von Deutschland geknüpft. Als gerichtsfeste Lösung für die Nutzung von Marketing-Lösungen über E-Mail hat sich das „Double-Opt-In"-Verfahren etabliert. Neben Unterlassungsansprüchen und Schadensersatz sind auch strafrechtliche Sanktionen bei Mißbrauch der Infrastruktur Dritter oder bei rechtswidrigen Inhalten geregelt. Dabei stellt die private E-Mail mit angehängten Infos über die Dienstleistungen des Freemail-Providers regelmäßig keine rechtliche Verletzung dar. Dagegen stellen E-Cards (elektronische Postkarten via E-Mail) mit Werbung nach der Rechtsprechung sehr wohl eine Verletzung der Privatsphäre des Empfängers dar.

In den USA wird im Unterschied zu der Rechtslage in der EU die Widerspruchslösung bzw. „Opt-Out"-Prinzip als Mittel der Wahl genommen. Frei nach dem Motto: „You Can Spam; Just Do Not Use False Headers![MOU05]", ist die vorherige, ausdrückliche Einwilligung des Empfängers nicht erforderlich. Die Werber müssen sich allerdings an einige Spielregeln, wie die Kennzeichnung von Werbe-E-Mails und die Möglichkeit einer „Opt-Out"-Funktion halten.

In Australien beruht die Gesetzeslage entsprechend der Rechtslage in der EU auf der Einwilligungslösung bzw. dem „Opt-In"-Prinzip. Außerdem müssen die Werbe-E-Mails, vergleichbar mit den Bestimmungen der „Opt-Out"-Lösungen, klare Hinweise enthalten, wie man den künftigen Empfang unterbinden kann. Weiterhin ist „Harvester"-Software, mit der E-Mail-Adressen automatisch „geerntet" werden können, in Australien verboten.

Neben den rechtlichen Möglichkeiten, UCE abzuwehren, gibt es technische Maßnahmen, wie Filterfunktionen, die die Vielzahl von UCE auf ein tolerierbares Maß zu reduzieren versuchen. Auch bei der Filterung von Spam sowie bei dem Löschen von Malware sind nicht alle Maßnahmen rechtlich zulässig. In der EU und in Deutschland müssen Povider die Datensicherheit gewährleisten und die IT-Systeme vor Schäden, wie z. B. durch Viren oder Spamflut schützen. Über die berechtigte Eigeninteresse des Providers am Schutz seiner Systeme hinaus treffen ihn vertragliche und gesetzliche Pflichten, das Fernmeldegeheimnis und den Schutz personenbezogener Daten technisch und organisatorisch sicherzustellen. Weiterhin darf ein Internet-Provider das informationelle Selbstbestimmungsrecht der am Datenverkehr Beteiligten nicht außer Acht lassen.

Das Hauptproblem bei der Bekämpfung von UCE mit juristischen Mitteln liegt nicht an fehlenden gesetzlichen Grundlagen, die wie weiter oben dargestellt sehr wohl existieren, sondern ist der Tatsache geschuldet, dass sich die Spam-Problematik nur teilweise durch nationale Gesetze abschwächen lässt. Daher sind geforderte Gesetzesverschärfungen zur Bekämpfung von Spam eher fragwürdige Instrumentarien und im Hinblick auf die Menge der ausländischen UCEs ohne aussichtsreiche praktische Relevanz.
In Einzelfällen wurden aber auch große juristische Erfolge verzeichnet, wie im Fall von Robert Soloway Anfang 2007, der sich für einen Großteil des des damaligen Spam-Aufkommens in den USA verantwortlich zeichnete. Allerdings hat die Spam-Problematik dadurch keine andauernde Eindämmung erfahren (vgl. [SIE07]).

Literaturverzeichnis

[ACA08]   ACA; Protecting your business from spam; 2008;
           http://www.acma.gov.au/webwr/consumer_info/spam/business_guide-
           protecting_your_business_from_spam.pdf; Abruf am: 03.03.2008.

[ACM07a]   ACMA; ACMA action against spammers; 2007;
           http://www.acma.gov.au/WEB/STANDARD/742278/pc=PC_310314; Abruf am:
           03.03.2008.

[ACM07b]   ACMA; Powers & penalties; 2007;
           http://www.acma.gov.au/WEB/STANDARD/742278/pc=PC_310531; Abruf am:
           03.03.2008.

[ACM08]   ACMA; ACMA's five-point strategy to combat spam; 2008;
           http://www.acma.gov.au/WEB/STANDARD/965192/pc=PC_2861#international;
           Abruf am: 03.03.2008.

[ANW03]   ANW; US-Präsident unterzeichnet Gesetz gegen Spam; 2003;
           http://www.heise.de/newsticker/US-Praesident-unterzeichnet-Gesetz-gegen-
           Spam--/meldung/42995; Abruf am: 03.03.2008.

[BAH03]   Bahlmann, Björn; Möglichkeiten und grenzen der rechtlichen Kontrolle u. z.
           Emailwerbung; Dr. Kovac; Hamburg; 2003.

[BUR04]   Burns, Conrad; Wyden, Ron; CAN-SPAM Act of 2003 - Summary; 2004;
           http://www.spamlaws.com/federal/summ108.shtml#s877; Abruf am: 03.03.2008.

[CHI04]   Chia, Adriana; Neumueller, Sigrid; ANTI-SPAM LEGISLATION 2004; 2004;
           http://www.schweizer.com.au/german/articles/Anti%20Spam%20Legislation
           %202004.pdf; Abruf am: 03.03.2008.

[ECO06]   eco/Internet-Beschwerdestelle; Spam - oder wenn sich die Mailbox in eine
           Müllkippe verwandelt.; 2006;
           http://www.eco.de/servlet/PB/show/1317415/Spam_ger_111.pdf; Abruf am:
           03.03.2008.

[ECO07]   eco/Internet-Beschwerdestelle; Rechtliche Rahmenbedingungen für Provider;
           2007;
           http://www.eco.de/dokumente/Gutachten_Provider_gegen_Spam2007_Final.pdf;
           Abruf am: 03.03.2008.

[EIC06]   Europa-Team bei ZENIT; EU bekämpft Spam-Problem; 2006;
           http://www.zenit.de/_includes/print.php?
           seite=/d/europa/eic/europainfo/europainfo-archiv/dezember06.php#titel7; Abruf
           am: 03.03.2008.

[ELB08]   Elbrecht, Carola; Wie wehre ich mich im Nachhinein gegen Spam? - Als
           Verbaucher.; 2008; http://www.verbraucher-gegen-
           spam.de/inhalt/2857425281e1a921c1c92183c27f5590/cat21.html; Abruf am:
           03.03.2008.

[ENI06]   Casper, Carsten; Manzano, Pascal; Provider Security Measures; 2006;
           http://www.enisa.europa.eu/doc/pdf/deliverables/enisa_security_spam.pdf; Abruf
           am: 03.03.2008.

[EUR06]   KOMMISSION DER EUROPÄISCHEN GEMEINSCHAFTEN; KOM(2006)
           688 über die Bekämpfung von Spam, Späh- und Schadsoftware; 2006;
           http://europa.eu.int/information_society/policy/ecomm/doc/info_centre/communic
           _reports/spam/com_2006_0688_f_de_acte.pdf; Abruf am: 03.03.2008.

[GEI05]   Geis, Ivo; E-Mail: Archivierung, Beweissichern, Filtern; 2005; http://ivo-
           gies/veroeffentlichungen/email.pdf; Abruf am: 03.03.2008.

[HEI04]   Heidrich, Jörg; Klare Rechtslage bei E-Mail-Marketing und Spam; 2004;
           http://www.recht-im-internet.de/themen/spam/rechtslage.htm; Abruf am:
           03.03.2008.

[HEI07]   Heidrich, Jörg; Spam abweisen verboten - IP-Blacklisting im juristischen
           Zwielicht; 2007; http://www.heise.de/ct/07/23/032/default.shtml; Abruf am:
           03.03.2008.

[HEL07]   Helmbrecht, Udo Dr.; Sicherheit in der Informationstechnik; 2007;
           http://www.bsi.de/bsi/reden/200307RedeUniBW.pdf; Abruf am: 03.03.2008.

[HIL05]   Hilgers, H.-A.; Der aktuelle Begriff - SPAM; 2005;
            http://www.bundestag.de/bic/analysen/2005/2005_02_23.pdf; Abruf am:
            03.03.2008.

[ITU05]   Bueti, Cristina; ITU SURVEY ON ANTI-SPAM LEGISLATION
            WORLDWIDE; 2005;
            http://www.itu.int/osg/spu/spam/legislation/Background_Paper_ITU_Bueti_Surve
            y.pdf; Abruf am: 03.03.2008.

[KAR07]   Karge, Sven; Ackermann, Frank; Ivanov, Ivo; Anti-SPAM Ein Leitfaden über und
            gegen unverlangte E-Mail-Werbung; HA Hessen Agentur GmbH; Wiesbaden;
            2007.

[MAD07]   Madel, Andreas; Spam - Rechtsfragen der E-Mail-Werbung; GRIN Verlag;
            Norderstedt; 2007.

[MOU05]   Moustakas, Evangelos et. al.; COMBATING SPAM THROUGH
            LEGISLATION; 2005; http://www.ceas.cc/papers-2005/146.pdf; Abruf am:
            03.03.2008.

[OTT07]   Otto, Philipp; Neue rechtliche Bewertung von Spam-Mails im Telemediengesetz;
            2007; http://www.e-recht24.de/artikel/tmg/182.html; Abruf am: 03.03.2008.

[RIC06]   Rickenbacher, M.; Spam-Wettbewerbsrecht - Spam-Haftungsrecht - Spam-
            Strafrecht; 2006; http://www.anti-spam-software.de/spam-recht.php; Abruf am:
            03.03.2008.

[SIE04]   Siebert, Sören; Haftstrafen für Versender von Spam-Mails - Teil II; 2004;
            http://www.e-recht24.de/news/strafrecht/229.html; Abruf am: 03.03.2008.

[SIE07]   Siebert, Sören; Aktien-Spam - Die illegale Abzocke?; 2007; http://www.e-
            recht24.de/artikel/strafrecht/198.html; Abruf am: 03.03.2008.

[TAZ07]   taz; Freiheitsstrafe für Abmahnanwalt; 2007; http://www.taz.de/index.php?
            id=medien-artikel&art=4521&no_cache=1&type=98; Abruf am: 03.03.08.

[TMG07]   Telemediengesetz; Telemediengesetz (TMG); 2007; http://www.gesetze-im-
            internet.de/bundesrecht/tmg/gesamt.pdf; Abruf am: 03.03.2008.

[TOP04]   Topf, Jochen et al.; Antispam - Strategien; BSI; Bonn; 2004.

[TUW07]   TU Wien; Spam; 2007; http://www.zid.tuwien.ac.at/sts/security/spam; Abruf am:
            03.03.2008.

[WIK07]   Wikipedia et al.; Wikipedia - SPAM; 2007; http://de.wikipedia.org/wiki/Spam;
            Abruf am: 03.03.2008.

[WIK08a]   Wikipedia et al.; E-Card; 2008; http://de.wikipedia.org/wiki/E-Card; Abruf am:
            03.03.2008.

[WIK08b]   Wikipedia et al.; Opt-In; 2008; http://de.wikipedia.org/wiki/Opt-In; Abruf am:
            03.03.2008.

[WUL05]   Wulf; Wettbewerbsrecht - Beeinflussung von Kunden; 2005; http://www.it-
            rechtsinfo.de/index.php/wissen/wettbewerb/beeinflussung_kunden/; Abruf am:
            03.03.2008.